Christine Aventin

SCALP

l'Arbre à paroles

Pour la princesse
Pour la lochnesse

1. La pleureuse des parricides

L'unité élémentaire du langage est le mot d'ordre
Tu n'aimais pas ton père !
L'énoncé ne consiste pas à émettre une information
Tu n'aimais pas ton père !
Mais à communiquer un verdict
Tu n'aimais pas ton père !
Il n'est pas destiné à être cru
Tu n'aimais pas ton père !
Il s'agit seulement de prélever sur la vie ce qui doit en être retenu
Tu n'aimais pas ton père !
L'énoncé se soucie peu de vraisemblance ou de véracité
Tu n'aimais pas ton père !
Cette abominable faculté d'obéissance
Tu n'aimais pas ton père !
Voilà ce que la langue
– maternelle –
vient tester en moi
éprouvant son message
comme une petite sentence de mort
Tu n'aimais pas ton père !
La vie ne dit mot pensant mordre
elle écoute, elle attend
son heure de pleines dents
Tu n'aimais pas ton père !
Ma mère n'a pas la moindre intention de me

convaincre,
elle veut seulement m'avertir
de sa propre innocence :
Tu n'aimais pas ton père ! me dit-elle, comme une évidence.
L'évidence de ce qu'elle préfère
me voir
faire semblant
d'admettre.

Il n'y a que des photos
c'est dire
si la parole est donnée
à l'idiot du village
et qu'il faudra passer
par les faux souvenirs
pour pénétrer des choses
l'exact effarement

Savez-vous d'où je tiens
ce nom qui vous fait rire ?

La mémoire ennemi
nécessaire
meuble qu'on ne cesse
de déplacer
je cherche comment faire
de ce pendu un corps
et de ce corps un père
et puis de ce père quoi

Savez-vous d'où je tiens
mon esprit d'escalier ?

Je me fous des photos
j'ai besoin d'une carte
où reporter mes calques

sans prétendre aux racines
je rumine
l'herbe en son milieu
je suis – nomade – le pré
le nuage
et les loups

Savez-vous d'où je tiens
cette science des caves ?

Et s'il fallait en poésie
encore inventer le zéro
afin que soit portée l'absence
au nombre
des entiers naturels ?
J'exige peu du réel :

une sortie !
Mon corps a vidé les lieux
– appliquant les règles
de la translation
il tente l'expérience
d'une histoire subsidiaire.

Quelle autre fin que la fuite ?
Au fond
je sais bien que la tangente
– première leçon de vertige –
est de tous les chemins le seul.
Sur l'idée du fil simple idée je dessine

un dédale
au risque de passer
le reste de mon temps
à nommer les absents qui m'occupent ;
Si persistant demeure
l'encombrement du rien !

À l'échelle géologique
– Affleurement visible des roches.
Érosion.
Souvenirs en creux. Éboulement puis
Déroulé de la parole –
le principe est celui de l'empreinte.

La nuit, je surveille
depuis l'intérieur
les mouvements de mon corps
insomnies de ma peau
qui se maintient vivante
trajets mouvants des traits
tracé orographique
terrain accidenté
aux veines souterraines
la bouche est cicatrice
d'une ancienne rivière
désormais asséchée

De là où je me terre
caché dans l'horloge
au pendule immobile
mon cœur bat les secondes
en rêvant de la meute
famille est un désert
peuplé de chiens maigres
qui suivent au loin
les riches caravanes
et leur odeur de viande
Ils savent la roulotte
des enfants endormis.

Il me pousse des seins
tandis que je grandis
petits seins volcaniques
qui percent chaque pore
d'une tête obstinée
colonie de points noirs
noires têtes de nain
que je rase à la lame
chaque nouveau matin
me donne à vérifier
que mon œil est un trou
par où ne passe rien

Je suis la fille qui entre
dans la maison des autres
en chantant
moi la cancre
des généalogies
je fais mon territoire

de tout ce qui s'aiguise
Ton arbre de famille
est un désespoir
des singes
L'ignores-tu ?
Ce que signifie

troubler la source
Je ne comprends pas le sens
de l'expression
Ni même l'importance
de la chose
Tu la troubles, reprit la Bête cruelle.

Et d'ailleurs
en quel lieu, en quel hier
reviendrais-je
m'abreuver d'une aube
où je n'étais pas née ?
Vous ne m'épargnez guère

Votre maison est un jadis
et quant à mon enfance
une forteresse vide
que traversent en sifflant
flèches et tomahawks
J'ai pris le goût du vent

S'il arrive que je meure
Je compte jusqu'à dix.

Mes quinze ans meurtriers
chez monsieur le docteur
– diplômé du sourcil,
dont la spécialité
est l'accent circonflexe

J'ai langue torrentielle
et grand cañon lunaire
Tout y passe
Mes rêves récités
Mes silences colères

Et la punition
En cas d'impertinence
Qui consistait à lire
Avec intonation
Les décimales de Pi

Et la croix qui signait
à mon œil douloureux
l'orgelet
avec l'or de l'alliance
sans l'ôter de son doigt

Cette histoire comprend
on ne sait quoi d'obtus
L'abscisse du désir
sur l'ordonnée du manque
Œdipien ! me dit-il.

J'avale ses couleuvres
infinitésimales
Et je claque les portes
Je deviens hippocampe
La faute à la psychologie !

Car déjà le vent soliloque
à la porte des lieux
je trace avant disparition
gonflant toute voile aux fenêtres
cartographie de la maison

Je fomente un incendie
dans la grande salle des archives
Murs entièrement couverts
de femmes au sexe ouvert
par ordre alphabétique

Les patientes suspendues
serrées les unes contre les autres
dans leur dossier nominatif
sont au cabinet défendu
les épousées de Barbe bleue

Je fouille les secrets
vaginaux de mon père
doctement rédigés
mais je n'y trouve rien
des causes du décès :

Suicide par pendaison
du bureau à la cave
sous le puits de lumière
Cordon ombilical de la cage d'escalier
la vie reste hésitante.

M'avait-il laissé une lettre ?
Je suis bien sûre de l'avoir vue
posée là à mon intention.
De lettre non,
Tu as dû rêver.
Leur silence unanime
et du papier brûlé
au fond de la soupière.

> Refrain :
> Va te faire pendre, je lui dis
> dans un éclat je ne sais plus
> exactement pourquoi depuis
> je suis la fille du pendu.

Si le mourant s'agite
Comprenez qu'il s'agit de vous !
Bouche lui pèse
il imprima
l'ordre à son corps de s'effacer
chapelet noué aux phalanges
il fit tenir debout
ma parole à sa place

> Refrain

Je laisse des traces

miniatures
créant l'indice d'un oracle
sur des morceaux d'os ou de bois.
Et le plastron d'une tortue
l'arc des fers-à-cheval
les tendons du dos de ma main
font du monde un même récit.

Refrain

Puisque vous prétendez
à la science des rêves
j'invente pour les miens
des récits qui vous plaisent
et j'assiste en conscience
aux tracés du scalpel
que sont vos hypothèses

J'errais dans un cimetière,
tout de pierre et de pluie
feuilles mortes la nuit
sous le vent immobile
un homme a surgi là
inconnu familier
de je ne sais plus où

Es-tu entré enterré là ?
Le bruit de la tempête
m'empêche de savoir
la question qu'il me pose
me tourne dans la tête
à la fin je dis oui
mais ce n'est pas ma voix

Votre silence suit
mes hiéroglyphes aztèques
je vous laisse conclure

avec délectation
et je garde secret
de la pluie et des pierres
au solstice d'été
la fraîcheur des pastèques.

Ma bouche est un moulin
à paroles
je peux tout expliquer
du pourquoi je vomis
et ne me nourris pas
un rejeton sortira des rameaux d'Isaïe
filant sans fleur ni fruit
sous le nom de gourmand
tout droit vers le soleil

Bicyclette à corne de brume
quel repos la roue libre !
Dans la poche arrière
de mon pantalon cinq cailloux
dans ma blouse quatre autres
le dixième je le suce
monsieur Pédale nous mène
en promenade
à l'heure du repas

Mais sieste à l'heure de la sieste :
Pilule d'extinction ! Voilà
pourquoi ma langue fait machine
à tourner sept fois, puis cracher.
Des générations de bêtes de somme,
de fous bâtés, de criminels,
et d'essoreuses à salade,
sont les complices centrifuges
de mes évasions.

Vos théories du grain à moudre
le mulet de la meule
s'en moque ;
il éprouve à tourner en rond
le mouvement des planètes
et vous savez quoi ?
Dans son errance circulaire
il sent l'astre au fond de son cul
à chaque caillou que j'avale.

2. Pneumocoques

Patiente de sexe
féminin âgée de
quarante-sept ans
amenée aux urgences
par une amie
suite à une OMA
(otite moyenne aigue)
avec douleurs insomniantes
non traitées –
n'a pas consulté.
Patiente en position
chien de fusil
présentant céphalées
intenses et AEG
(altération de l'état général)

vomissements
photophobie
état prostré
Notez votre douleur
sur une échelle
de un à dix
demande l'urgentiste
et je réponds quatre
d'après le tableau
que j'ai là sous les yeux
formidable aptitude

à nier la catastrophe
en laissant une marge
chiffrable pour un pire
qui ne saurait tarder.

Solitude pénombre
et présence intrusive
annoncée par néon
comme préliminaire

Indication de temps
cruellement manquante
aucun autre récit
que cette double feuille

signée par les UTOC
(urgences tête et cou)
de Lunel pour transfert
vers CHUR de Montpellier

Calendrier des faits
pour le 28 octobre
date de l'arrivée
à 17h35
début de prise en charge
à 18h15
patiente transférée
à 23h08

La ponction lombaire
rapporte un liquide
cérébrospinal
trouble et cellulaire
net syndrome méningé

L'angioscanner
révèle hypodensité
suspecte d'empyème
temporofrontal avec
pneumencéphalie

Tableau d'abcès cérébral
compliqué d'une
méningite bactérienne
susceptible d'aggravation
sans mise en jeu
du pronostic vital

L'objectivité froide
arythmétique des corps
une veilleuse dans le rien
des faits que j'ignorais
et pourtant me concernent
étrangement m'émeut
– comme une traversée
dont je suis le torrent

37,7° à 17h39
saturation en oxygène
normale
39,9° à 21h13
saturation insuffisante
justifiant une mise
sous assistance respiratoire

L'apport supplémentaire
d'oxygène se fait
généralement à l'aide
d'un masque recouvrant
le nez et la bouche
lorsque la quantité
d'hémoglobine oxygénée
contenue dans le sang
est inférieure à 95 %

De la guérison comme lieu d'exil
je cherche dans les chiffres
de mon dossier médical
fascinant comme un oracle
une langue hospitalière
où déposer mon amnésie

des jours et des nuits
dont il ne reste rien
que quelques coups de flash
embrouillés par les limbes
douloureuses de la fièvre
et le récit confus des témoins

Comme l'Œdipe de Sophocle
je suis tout à la fois
le mobile et le coupable
la victime et le poète
de cette enquête que je mène
tragiquement jusqu'à moi.

Un magicien dans ma roulotte
applique sur moi ses mains
prononçant sons profonds
comme des chants lointains
car je pars je me sens partir
j'entends sa voix soudain
distinctement qui dit
il y a du feu partout
Et puis dans l'ambulance
comme dans un film
inconfortable
et puis dans le brouillard
au service des soins
intensifs une amoureuse
et puis dans la mémoire
des affaires en cours
interrompues

une rupture qui n'en finit pas
d'essayer en vain
la consolation
un enfant de dix ans
que j'ai promis bientôt
d'emmener à Londres
et puis l'amoureuse
deuxième du nom
à mille bornes

et à mille lieues
qu'il faut prévenir
de ne pas m'attendre
ce billet de train
je reste calée
sur l'annulation
d'un billet de train
et puis l'échéance
d'un livre à finir
pour le mois prochain
– ne le sera pas.

Il y a deux histoires
deux amours deux récits
possibles et deux matières
l'argile et le béton
Modelable à l'envi
l'argile se contente
pour modifier sa forme
éternelle éphémère
d'un peu d'humidité
Le béton quant à lui
est de prise rapide
et tu n'as plus qu'un bloc
indicible souffrance
dont tu ne sais que faire
La première dessine
sourire avec les larmes
en préservant les rides
d'un visage commun
la seconde se fige
à l'endroit du silence
exigeant des excuses
qui ne servent à rien.

L'échelle de Glasgow
est un indicateur
de l'état de conscience
score étroitement
corrélé
à la gravité des comas

Évaluée sur trois critères
elle permet de choisir
dans un état d'urgence
une stratégie
en vue du maintien
des fonctions vitales

Les valeurs sont comprises
entre trois et quinze
la première équivaut
à la mort clinique
et la seconde à l'état
de conscience normale

Ouverture des yeux
spontanée
réponse verbale
nulle
réponse motrice
orientée à la douleur

Total de Glasgow : 10
– coma léger –
détaillé E5V1M4
(On dirait une plaque
d'immatriculation
luxembourgeoise, non ?)

Fréquence cardiaque
cinquante battements
par minute
systole quatorze
diastole neuf
– état clinique d'entrée.

L'utilisation des scores
est demandée par la loi
dans l'évaluation financière
des soins de réanimation

Permettant au niveau collectif
de décrire la population
soignée tout en évaluant
la performance des unités

Ces objectifs se heurtent
à des difficultés
méthodologiques
mais également éthiques

L'évaluation du pronostic
d'un patient fait partie
intégrante de l'activité
quotidienne du médecin

Pronostic signifie
prédire ou évaluer
la probabilité d'un événement
futur dans un délai
plus ou moins éloigné

L'événement étudié
– est ici le décès –
s'exprime sous la forme
du logarythme suivant
Pr = eLogit / (1+ eLogit)

La transformation logistique
permet de modéliser
une relation sigmoïde
entre deux variables

et s'avère adaptée
aux réponses binaires
– oui ou non,
vivant ou décédé.

Je lis des explications
mystère azimutal
issues de travaux
universitaires
mis en ligne sur les sites
des facultés de médecine

pour comprendre enfin
ce qu'indique et cache
l'énigme IGS 2 - 41
Incroyable économie
de moyens pour formuler
la probabilité que je meure

Mon Indice de Gravité
Simplifié correspondrait
sous cette cote
à une morbidité
moyenne estimée à
vingt-trois pourcents.

Une seule personne
à la fois est admise
et pas plus d'un quart d'heure
qui êtes-vous pour elle ?
Sa compagne répond
l'amoureuse seconde
sortie du tgv
Bruxelles-Montpellier

Le sourcil suspicieux
de l'infirmière annonce
qu'il y a déjà présente
auprès d'elle une dame
qui se dit sa compagne
Nous sommes deux balance
la dernière arrivée.

C'est ainsi que s'invite
sous double perfusion
morphine et antibio
entre l'une coupable
et l'autre bafouée
le vaudeville queer
en réanimation.

3. Polaroïds

En soulevant le drap
toilettes à la chaîne
des alitées câblée
chacune dans leur box
fait de quatre rideaux
l'infirmier devant toi
montée en douleur 8
s'exclame : C'est quoi, ça ?
C'est ta chatte velue
était-il puceau
pédé ou jéhovah ?
présentant ses menstrues
qu'il te dit de laver
toi-même et il enfile
sur ta main comateuse
son gant tout savonneux

Des jours longs comme un siècle
Les nuits durent mille ans
Ces îlots d'un quart d'heure
De visites alternées
Où se règlent les comptes
De ton cœur insolvable

Des spectres dans tes rêves
qu'interrompt à l'instant
où tu t'endors enfin
une pose de sonde
une prise de sang
Tu voudrais voir ton fils

Si les coups de ton père
dans ce lointain passé
dont tu fais ton histoire
ne l'avait fissurée
l'infection aurait-elle
franchi la masse osseuse ?

Aujourd'hui croque-monsieur
écrit sur l'étiquette
de la barquette en plastique
cellophane embué
que tu perces un coup sec
de fourchette aussitôt
marque ses quatre trous
et la condensation
made in micro-ondes
illico pleut sur ton repas
c'est une tranche jaune
sèche et grasse à la fois
sur une tranche rose
qui tient à son mystère
sur une éponge molle
qui voudrait croustiller
mais n'y arrive pas.
L'humour est insondable
de leur "bon appétit !"

Organisée enfin
visite de l'enfant
cet après-midi-là
Trop bien, t'as la télé !
il cherchera du foot
à défaut du rugby
en buvant son fanta
et la télécommande
(l'autre, celle du lit)
fera la distraction
il te pliera en deux
coincée dans le matelas
puis tes jambes iront
draguer la verticale
et enfin tu verras
de très près le plafond
le tube de la perf
enfoncé dans ton bras
jusqu'à la veine cave
tendu au maximum –
Allez, fais-moi descendre !

Dans la chambre aseptisée
où tu te trouves en isolement
– bactérie nocosomiale
risque flou de contagion –
La voici qui débarque
petite mine et grand sourire,
son cuir puant bon la maison
et de la boue à ses godasses.

(Elle a dormi sur le parking
avec le chien dans le camion)

Avant de venir, elle a fait
la récup au bio du coin
et t'apporte un cageot
de fruits très mûrs et de légumes
un peu flétris. Elle annonce :
Cocktail de vitamines !
en sortant de son sac
une centrifugeuse.

(Il fait un soleil magnifique,
je t'emmène en cavale...)

Le temps de chourer un fauteuil
dans un autre service,
bricoler un système

qui tient le goutte-à-goutte,
Elle t'aide à enfiler
deux trois fringues brouillon.
Et quand les portes s'ouvrent
tu penses à l'Astragale !

Compte-tenu de l'évolutivité
radiologique ainsi que de
l'apparition de
crises convulsives partielles,
discussion avec la patiente
(aucun souvenir de ça)
et discussion en staff de
service pour conclure à

une indication chirurgicale
de drainage
de l'empyème
du fait
de l'absence
de contrôle
de cette infection
par les antibiotiques.

Explication à la patiente
(aucun souvenir de ça)
des bénéfices et des
risques potentiels,
notamment des risques
hémorragiques et neurologiques,
notamment de crises
convulsives persistantes
ou de troubles
phasiques.

Pieds à la proue
Tête à la poupe
Sur ta pirogue à roulettes
Tu traverses les rapides
Des couloirs direction
Bloc opératoire
Dont tu sors K.O.
La gueule tuméfiée
Dans un casque de gaze.

Elle prendra des photos
de ta tête rasée
trouvant très à son goût
l'esthétique SM
des agrafes en métal
qui confèrent à ton crâne
un côté Cronenberg

réglera les papiers
pour le rapatriement
l'assurance et les soins
tirera conclusion –
un trait sine qua non
sur ta vie catastrophe

Tu ne sais pas encore
au moment où tu joues
pour son œil fasciné
bleui par les cernes
l'ange sacrificiel
qu'elle ne posera plus
jamais la main sur toi.

Une porcelaine brisée
ne se répare pas
en collant bord à bord
de manière invisible
les éclats dispersés ;

il s'agit au contraire
coulant pâte d'or
dans les interstices
d'écarter davantage
les lignes de fracture.

Ainsi l'objet acquiert,
plus beau et plus précieux
du fait qu'il ne se cache
de sa mésaventure,
une valeur presque sacrée.

Nietzsche est un con
affirmait la copine
après sa greffe du cœur :
ce qui ne te tue pas
ne te tue pas, c'est tout !

4. Punk pugilisme

Le monstre dans le couloir
à l'étroit bloquant la porte
qui t'empêche de sortir
Ferme les yeux et sois sage,
tu auras du chocolat
Ce serait l'arbre qui cache
l'absence de la forêt ?

Restez chez vous
Sous peine d'amendes
– illégales, certes mais
l'état d'urgence permet
de changer la loi –
pouvant aller jusqu'à trois mois
de prison ce qui revient
à rétablir la peine de mort
dans une forme alléatoire
de justice immanente
quand on sait les conditions
carcérales.
Voilà donc ce que désormais
le chœur s'accorde à nommer
solidarité.

Il me semble que les choses
ont rarement été plus claires.
L'indigence des médias
à produire de la pensée
L'arrogance des experts
et leur incompétence
le vocabulaire qui fait bander l'État
L'abstraction magique appelée milliards
La mise à vue des dissidences
dont les data sont capturées :
méfiez-vous du mot "smart"

Et la puissance de Gaïa
qui nous donne – encore une fois
la chance de comprendre bon sang !
qui nous sommes.

Ai-je pris – et j'insiste :
Volontairement pris –
des risques inconsidérés ?
Tête brûlée – mais au sens propre.
Les mots sont las
de nos seconds degrés.
Quant à avoir le feu au cul
Quitte à être vulgaire
le désir est vif, en effet,
de l'incendie total.

Mais je suis terre-à-terre
J'ai le brasier modeste
Des cigarettes mal éteintes
Dans une oreille cendrier.
Pendant qu'à mes lèvres cuisantes
un herpès simplex 2
fait sa maison je multiplie
les Fahrenheit comme remède
au printemps que je calme
à grands coups de fouet.

Des scarifications,
tu sais ce que c'est ?
m'a demandé la môme
entre deux équations.
Son oncle est en prison

Et pourtant c'est pas vrai
qu'il a abusé d'elle.
Quand elle a parlé d'asthme
On traçait les médianes
D'un triangle isocèle.

Je voyais bien ce geste
qu'elle avait tout le temps
de tirer sur ses manches
Avec une sorte de honte
Et dans son œil
Une fierté – la même
que moi dans mes douleurs de pro
sexe privilégiée.
Les cours de math à la voisine
M'ont fait relire Peau

Dorothy Allison :
«La fureur était une bonne sensation
plus forte et plus pure que la honte
qui lui succédait
que la peur et l'envie
soudaine de courir
et de me cacher, de nier
de faire semblant de ne savoir
ni qui j'étais ni
ce que le monde me faisait.»

Rattrapage alors mais de quoi ?
Je peux faire une liste
d'avant-dernières volontés
– qui peut en dire autant
revenue d'où je viens ?
sans jamais en démordre ?
Pendant que la gamine
trempe dans son café
sa tartine de beurre
et me rappelle mon grand-père.

C'est une euphorie des kamikazes
semblable aux colères de l'enfant
que ne menace aucun châtiment
et que ne touche aucun lendemain.
Un chien vivant manque à mes matins
Depuis que toc toc à la fenêtre
– Je faisais la vaisselle et j'ai su
Tout de suite à son air désolé –
Le voisin, courbé dans son silence,
M'a dit : il est couché sur les rails.
Je crois qu'il a ajouté – je crois,
Comme une béquille polie de doute.

Lui, maton à la prison des hommes
Moi, saigneuse des bouleaux de mars
Procédons à la levée du corps
Ensemble à l'entrée de ce tunnel
Et c'est aussi la pesée des âmes
Il me parle du confinement
À cinq par cellule et les collègues
déserteurs sous prétexte de rhume
À-t-il vu à la gare la dame
Qui fait la manche entourée de sacs ?
La police a chassé les mendiants
Et les centres de jour ont fermé.

Puis c'est une parodie de drame
Ce qui se joue ensuite. Un combat
truqué de catch – on connaît l'issue :
Angel Dog vaincra Uggly Death Face.
– le poids, je comprends ce qu'est le poids
mort – Aide-moi, Mo, tu es trop lourd !
cette odeur de tartare avarié
dans le soleil parfait du sud-est
Coups de pioche éventrant la colline
Pour une césarienne à l'envers
Cette image me vient quand je vois
Le bleu-gris placenta de la langue.

Vu d'ici la contagion
est une hypothèse de travail
entre force et souplesse
la question des résistances
semble un mobile suspendu
dans nos têtes
comme l'araignée au plafond :

Sujette aux secousses
– L'insecte fait promesse
Autant qu'il menace –
Éprouvant l'équilibre
instable du tissage
et sa solidité
d'apparence fragile.

L'histoire qui se raconte
Autour de moi
Est de la même toile
Et la tombe du chien
donne une explication
à mes réveils en larmes
qui étaient jusque là sans raison.

Alors je cherche par téléphone
La vieille disparue de la gare.
Numéro de la SNCB –
Appelez les services sociaux,
Me répond la voix à qui j'explique :
Mon intention est de l'héberger.
Numéro vert de la Sécurail –
Nous ne pouvons rien faire, madame.
Cette nuit le fantôme de Mo
A mené sa vie dans le salon
Et les souris ont fait la fiesta
Dans les cloisons creuses de la chambre.
C'est très louable votre démarche
Mais ne vous mettez pas en danger.
Je suis au jour le jour le chantier
des castors. Adressez-vous plutôt
directement au commissariat.
Je remplis des bocaux d'ail des ours
Et du drap déchiré de mon lit
Je fais quelques lambeaux rituels
pour garnir un arbre de prières.
Au bout du fil le policier dit
qu'ils ne sortent plus de leur bureau
Et me conseille d'aller sur place.

Je me demande qui peut bien
trouver quel réconfort
dans ces cloches qui sonnent
tous les soirs à vingt heures –
ordre de l'évêché.

À pleins poumons je chante moi
la Canzone Arrabiata –
en spéciale dédicace
à la brochette des meufs
sur Radio Pandémik.

Jamais eu dans les journées
autant de promenades ici
ça fait comme un tango
réglementaire amusé
cet écart quand on se croise

Je parle à tout le monde
et c'est la première fois
qu'au sourire condescendant
un intérêt curieux
succède et des questions.

J'en conclus qu'ils font l'expérience
peut-être de mon ordinaire,
Ces gens qui parlent des gens
comme s'ils n'en étaient pas
eux-mêmes – des gens.

Salade de pissenlit
soupe d'ortie
pesto d'ail des ours
il reste quelques feuilles
aux choux du potager
le persil est déjà haut
la roquette encore basse
la mâche sauvage pousse
en bord de route mais il n'y a
quasi plus de voitures
cynhorrodons en pagaille
je cueille aussi la jeune mélisse
et le tout petit origan
et la violette
pas encore entendu le coucou
du coucou mais déjà
le picépeiche et la tourterelle
je fais du bois, la cabane
est très vite chauffée
il est vrai
aussi vite refroidie.
J'allonge mon tabac
avec des feuilles de ronce
de sauge et de fraisier
et je fais le café
de plus en plus clair –
mes essais sur la racine

grillée de chicorée
sont un échec
mais le lait d'avoine
une réussite.

Pas encore été au supermarché
depuis le début des choses
c'est ma petite fierté
mon exercice quotidien
L'autre matin : coupure d'eau
sans prévenir, les ouvriers
ont ouvert l'asphalte
et je me suis sentie
tout à coup moins maline !

Tout à l'heure, sur la colline
en surplomb des jardins,
je sciais quelques branches
mortes par lesquelles nourrir
le feu vivant du soir
et puisque les bruits montent,
de là-haut j'entendais
tout ce qui se disait en bas,
au village : « Roman !
T'es encore à ton jeu ?
Allez, habille et va faire un tour
maintenant. Tu m'entends ?
Et tu ne parles à personne, surtout !
tu m'entends ? Roman ?
tu vas faire un tour et tu ne parles à personne ! »

Au centre d'hébergement
pour les femmes battues
au foyer des enfants du juge
à l'association des migrantes
au service d'accueil
des gens de la rue
à la copine piégée par son fils
– dix-huit ans – violent,
à la copine qui craque
et déteste le monde,
à l'ancienne amoureuse
qui brasse son chaos
aux copines nomades
faute d'appartement
j'ai proposé mon hospitalité
en vain.
Je suis pourtant facile à vivre.
Je crois que la forêt,
le vaste et le sauvage,
le vide grand ouvert,
fait peur aux citadines
à qui les murs sont familiers.
Mon enfant juste né
avait pareillement
cette angoisse dite
"peur de l'écoulement"
qui exigeait la rassurance

d’un corps contraint
par le shibari primal
de l’emmaillotage.
Même si tu trouves ça chelou,
respire les bois et écris !
m’écrit l’amie et ce matin
je décide qu’elle a raison.

Pas de papiers
pas de compte en banque
tu verses donc l'argent
par ricochet via
quelqu'un de confiance
trois jours !
Ces enflures ont gardé
pendant trois jours
ton fric dans les limbes
de la spéculation –
pour que Bintou se retrouve
avec du liquide dont
aucun magasin
autorisé ne veut.

Il me semble évident
que la sécurité planche
sur l'épineuse question
de la levée des mesures :
comment remettre en liberté
sans permettre d'émeutes
cette foule incarcérée
maintenue sous les ordres
d'un régime totalitaire
et bienveillant ?

Les mots prudence et efforts
Associés à la peur
Jusqu'ici fonctionnent bien.
Et l'on comprend déjà
la nécessité du «progressif».
Tout ce temps libre est perdu
S'il ne nous sert pas à penser
aux moyens de retourner
la broyeuse contre cette main
de fer dans son velours élimé.

5. Le blanc du bel oubli

Afin de conserver
l'empathie nécessaire
à votre catarsis,
pour une bonne lecture,
gardez en tête que je suis
en déflagration hormonale
(j'ai mal aux seins)
et un brin maso,
mais vous l'aviez compris.

J'ai le trauma comme alibi
revanchard
quand je jette du lest
et me complais à lire
les fleurs de funérailles
orchestrées
par un poète national
et sa clique funeste ;
En file dite indienne

Toutes les plumes du royaume
défilent à mes obsèques
derrière un corbillard fantôme.
La conjoncture est favorable
à la procuration !
En ces temps de funérariums
bondés d'enterrements

déserts dispersion
à la hâte des foules,

Je me mets en self
apitoiement,
me délectant des oraisons
que l'agonie m'avait promises
et que pour raison
d'atermoiement
elle a finalement le bon goût
via ces morts anonymes
de me livrer de mon vivant.

J'ai besoin d'être une princesse
et voilà bien l'impasse
politique autant qu'amoureuse
dans laquelle nous sommes car :
Tu ne sais pas faire ça !
Telle est sa conclusion

J'en suis encore à me soigner
de mes tristesses non grata
je passe dans le nœud du non
coulant mon cou j'acquièsce
et je me sacre queen
au sceptre d'un refus

Puis au milieu de la nuit
réveillée par une phrase
qui me sort de mon rêve
– Quand il n'y aura plus d'abeilles
dans la ruche, à la place,
on mettra des tic tac –

Solitaire je m'écarquille
la pulpe en secret du soupir
et le temps clopant clopine
bombe à retardement
vers une aube à la menthe
qui signe notre fin.

Parfois je redeviens patiente
en décubitus dorsal
sous anesthésie générale
tête fixée par une Mayfield
tournée vers la droite

Alors je monte à fond le volume
Sona Jobarteh à la kora
suffit à rappeler au jour
la mémoire agitée
de mon hémisphère gauche

Antisepsie et champage
selon protocole usuel
réalisation d'une incision
en point d'interrogation
fronto temporale

Ciseaux, tondeuse, rasoir
le miroir calé contre un lilas
va-nu-tête dans le soleil
j'expose aux quatre cardinaux
ce que moi-même je veux voir

Ruginage du scalp
ouverture du muscle
traction du flap cutané
réalisation d'un volet
ouverture de la dure-mère

Je masse à l'huile d'amande
douce et la fourmilière éveillée
s'affole sous mes doigts
la beauté trash de ma cabosse
célébrant sa trépanation

Mise en évidence d'une épaisse
coque inflammatoire ouverture
évacuation nettoyage
abondant de la collection
prélèvements pour analyse

Et je tremble je vous jure
jusqu'au tréfonds du thorax
d'une joie doutant de son nom
Car me savoir survivante tient
du désastre et de l'enchantement

Fermeture de la dure-mère
réalisation de suspensions
périphérique et centrale
remise en place du volet
à l'aide de fils non résorbables

Je n'ai plus de mots qu'un seul
Oufti ! vieux, profond et primal
familier comme l'enfance
quand le vent par mon oreille ouest
vient me baiser le cerveau

Fermeture du muscle fermeture
de la sous-peau et fermeture
de la peau par des agrafes
qu'il faut enlever en jour 10
Fin de l'intervention.

Mettre la peau
du crâne à blanc
de chaque côté
tailler l'iroquoise –
La tondeuse à piles
rongeant le poil
répond au besoin
d'être à découvert.
C'est la nudité
fragile et neuve
que je traque :
ça commence
à manquer de corps.
Amante, viens
clandestinement
me rendre existence !
Par petits brins
dans son bec
la mésange emporte
mes cheveux
qui feront le couffin
de son nid.
L'idée m'émeut.
Rien que de penser
aux mots bouche,
langue épaule écartées
cambrure chatte marque

morsure – rien
qu'à prononcer mentalement
l'ordre d'encore ! –
et je me Miss Hyde.
J'ai tout éteint
hier soir, emporté
le hamac en forêt.
J'aurais mieux fait
de regarder le ciel :
réveillée par la pluie
et le froid
– la chouette hulotte
semblait moqueuse –
j'ai dû rentrer
en pleine nuit
et puis au matin,
brûler la tique
extraite de l'aine.

La fin de la quarantaine :
J'aurais cette année beaucoup
appris sur – disons le vite !
le talent de se soumettre
à la raison du plus faible.

C'est tyrannie lancinante
de répondre à l'ordre d'être
une chimère vitale.
Pièce manquante illusoire,
je deviens excédentaire

Et je pense à ce vieux fou
du fin fond de la Pologne
sculptant des christs et des papes
dans les bûches empilées
le long du mur de la ferme,

que les paysans brûlaient
entre prière et repas,
hérétiques innocents,
à la longueur des hivers –
qui n'y voyaient que du bois.

Fin juin début juillet
méditation des lèvres bleues
Le signal est donné
par ces deux trois lucioles
qui viennent en éclaireuses
me prévenir sur la terrasse
Accroupie dans les bois
Les doigts s'en vont cueillant
pulpe tachée de vin
chaque myrtille une à une
débusquée
On ne dit pas assez
que le polyamour
amène à traverser parfois
deux ruptures en même temps
Je goûte aux rencontres
désormais
des promenades sans chien
Des sauvages s'approchent
dans le contre-vent
de moi l'humaine ensylvestrée
J'ai pris j'imagine à force
de ramper l'odeur d'humus
Des heures pour un bocal
de taille assez moyenne
Lunettes de lecture
détournée de ses lignes

grossissent l'œil petit
à hauteur d'écureuil
En contre-plongée des pentes
je me perds silencieuse
entre les fougères
hors des sentiers
je finis par oublier la douleur
entraînée par deux mois
de sonde urétrovésicale
de la pince qu'impose
à mon clito cette domina
débutante mais se la joue experte
rencontrée sur fetlife
sous le pseudo de Sioux
J'essaie vous voyez de prendre
au sérieux
mon besoin de tragédie.

C'est un été polaire
peuplé de chatons
de filles et de silences
C'est un temps de défaites
joyeuses et de victoires
à la Pyrrhus
La portée poétique
de la ménopause ?
Je pratique l'art brut
du carnage, mais en tant
que modèle.
Mon corps est dégrossi
de pensées à la hache
La sécheresse donne
une avance automnale
sur les ocres et les bruns
qui font un goût d'octobre
aux forêts du mois d'août
Et je suis en chaleur
Les sites de rencontres
maigre tableau de chasse
sont des plus décevants
Mais je reste une adepte
fidèle au polygone
J'ai l'instinct du triangle.

La rupture révèle
son sens plus que l'histoire
Je suis blasée, vraiment
plus aucun intérêt
pour la piètre extinction
de ce qui fut nos feux
plus de curiosité –
j'ai de longs monologues
avec une fantôme
experte de l'esquive
et du remaniement –
depuis que bienveillance
– le mot et non la chose –
est tombée dans la soupe
de ses textos polis
millimétrant à la virgule
comme à la vermicelle
la distance qui sied
désormais à l'échange.

Les effets indésirables
du médicament KEPPRA®
indiqué dans le traitement
d'une épilepsie nouvellement
diagnostiquée
sont assez proches, ma foi,
de ceux que produit
naturellement le désamour :
changement d'humeur,
détachement affectif,
difficulté de concentration
perte d'appétit, troubles du sommeil
manifestation d'hostilité
ou d'agressivité, vertiges –
L'arrêt doit être progressif
sous peine du retour
des crises et d'un risque
accrû de comportements
suicidaires. La vigilance
de l'entourage s'impose.

Viens jouer avec nous
c'est en ces termes
que le très casual boys'club
m'invita à participer
à sa fabrique des héros
et surtout : have fun !

Mille cinq cents euros
à la remise du manuscrit.
J'aurais passé pour eux
les trois derniers mois de ma vie
– si j'étais morte –
à cravacher l'écriture

d'un texte prometteur
incroyablement personnel
tellement foisonnant
– fin de citation –
qu'ils vont le refuser
Leur petit mot à l'hôpital

disait pourtant Prends soin de toi
On sera là bien sûr
le moment venu.
Posthume, j'imagine
qu'ils l'auraient publié
avec une préface.

Tout juste après la nuit
des étoiles filantes
où j'ai fait provision de vœux
avant de m'endormir à l'aube
criblée de moustiques
une queue de comète
m'arrive par la poste :

"Votre dossier a été choisi
pour l'étude *Walk Up*
dont l'objectif est de préciser
les bénéfices d'un travail
de marche utilisant
la suspension du poids du corps
en réanimation neurologique."

me croirez-vous j'avais oublié
l'épisode crip de l'aventure
salle de kiné en freak show
entre SEP et AVC
alzeihmer et tétraplégie
dans le couloir embouteillage
de nos fauteuils roulants

oublié le fou rire atterré
visage jaune bétadine
houpet de cheveux hérissés

gros ventre sur jambes baguettes
en constatant que je ressemble
à la volaille en caoutchouc
avec laquelle jouait Mo.

Ton clitoris, toi, tu me dis
que tu l'as découvert ici,
à la maison de retraite.
Jusque là, tes mains
premières de corvée
ne servaient qu'au ménage,
aux enfants, au mari,
Mais avec la vieillesse,
tu as perdu la tête,
le corps alors t'est revenu
en pleine et nue
propriété.

La démence sénile,
voilà comment s'appelle
ce que tu nommes,
en riant, la floche –
deuxième tour pour l'enfance.
Car tu as des formules
maintenant de poète,
et du lubrifiant
planqué dans le flacon
de shampoing cheveux fins
Parfois tu ne sais plus,
Tu te trompes et ça mousse.

Un transboy un peu raide
a passé la journée
assis dans mon fauteuil
son tricot ras du cou
était rédhibitoire

Une Africaine blanche
queer de Johannesbourg
exilée à Bruxelles
a perdu son smartphone
sur la balade aux castors

Une poly punk scarifiée
percée, bi, végane et nomade
a posé sous mon toit son sac
avant de traverser la Manche
dès que le tunnel a rouvert

et une louvain-la-novice
en camion a fait un crochet
sur sa route vers l'Ardèche
elle espérait de moi, je crois,
le grand jeu de l'initiatrice

Puis au milieu de ce manège
calvacades en canassons
cabinet des curiosités
la lochnesse a montré sa tête
et proposé qu'on se revoie

Nous avons tant de fois rompu
que me voici bientôt l'amante
cachée dans le placard ouvert
de sa nouvelle relation –
ironique inversion des rôles

Pendant la semaine
de mon anniversaire
en trois séances
de deux heures
la copine m'a tatoué
à l'aiguille point à point
une grosse graine
germée sur l'os du coude
la racine descend
le long du cubitus
et les feuilles montent
du tout jeune chêne
sur le biceps en tournant
parfaitement obscène
lorsque je tends le bras
dans les plis de la peau
le gland se change en vulve
je me targue d'être vieille
aromantique radicale
sachant que je fais peur
aux meufs à qui je plais
pour les mêmes raisons

Dans la même collection :

Doina Ioanid
RYTHMES POUR APPRIVOISER LA HÉRISSONNE
COUTURES
HISTOIRES DU PAYS DES BABOUCHES

Karel Logist
DESPERADOS

Ben Arès
MON NOM EST PRINTEMPS

Nicole Caligaris et Pierre Le Pillouër
L'EXPÉRIENCE D

Anne Versailles
VIOLA

Alexis Alvarez Barbosa
EXERCICES DE CHUTE

Ritta Baddoura
PARLER ÉTRANGEMENT

Serge Airoldi
PARTIR AVEC LE ZÈBRE

Aliette Griz
S'ÉCLIPSER

Julie Remacle
8 ANS

Olivier Dombret
NOTRE MÈRE LA MONTAGNE

Laura Vazquez et Arno Calleja
ASTROPOMÈMES

Jérôme Poloczek
AUTUBIOGRAPHIE

Marie-Noëlle Agniau
MORTELS HABITANTS DE LA TERRE

Laurent Grenier
DIX DISQUES DE TRAVERSE

Fiston Mwanza Mujila
SOLEIL PRIVÉ DE MAZOUT

Dolorès Dorantes
STYLE

Lisette Lombé
BLACK WORDS
VENUS POETICA

Annick Walachniewicz
IL NE PORTAIT PAS DE CHANDAIL

Joy Harjo
CARTE POUR LE MONDE À VENIR

Edgar Kosma
VIVRE AU VINGT-ET-UNIÈME SIÈCLE

Catherine Barsics
DISPARUE

Collectif
LA LIGNE BLANCHE

Diffusion et distribution en librairie

BENELUX

MAISON DE LA POÉSIE D'AMAY
BP 12, B–4540 AMAY
Tél. : + 32 (0) 85 31 52 32 – Fax : + 32 (0) 85 31 54 32
distribution@maisondelapoesie.com

FRANCE

LIBRAIRIE WALLONIE-BRUXELLES
46, rue Quincampoix 75004 PARIS
Tel. : + 33 (0)1 42 71 58 03 – Fax : + 33 (0)1 42 71 58 09
librairiewb@gmail.com

Diffusion internet

editions@maisondelapoesie.com

Nos publications et activités d'animation culturelle sont possibles grâce à l'aide du gouvernement de la Région wallonne, de la Promotion des lettres du ministère de la Fédération Wallonie-Bruxelles, du Service des Affaires culturelles de la province de Liège, de la Loterie nationale et de l'Administration communale d'Amay.

La Maison de la poésie est affiliée à l'association Espace Livres et Création, groupement d'éditeurs et d'opérateurs de Wallonie-Bruxelles ainsi qu'à la fédération européenne des Maisons de poésie Maipo. Elle participe à la Journée mondiale de la poésie de l'Unesco, au Printemps des poètes, à la Fureur de Lire et est à l'initiative du Nouvel An Poétique.

Le CEC plume & pinceau est un Centre de coordination artistique d'Expression et de Créativité reconnu et soutenu par le service de l'Éducation permanente de la Fédération Wallonie-Bruxelles.

l'Arbre à paroles

ISBN : 978-2-87406-750-1
Dépôt légal : 2021/2292/03

Imprimé dans la dignité sur les presses de la Maison de la poésie d'Amay en Belgique.
Maquette et composition : Antoine Van Impe
Dessin de couverture : Benjamin Monti